Johann Allgaier

Neue theoretisch-praktische Anweisung zum Schachspiel

Johann Allgaier

Neue theoretisch-praktische Anweisung zum Schachspiel

ISBN/EAN: 9783743498884

Hergestellt in Europa, USA, Kanada, Australien, Japan

Cover: Foto ©Paul-Georg Meister /pixelio.de

Manufactured and distributed by brebook publishing software (www.brebook.com)

Johann Allgaier

Neue theoretisch-praktische Anweisung zum Schachspiel

Der Anweisung zum Schachspiel zweyter Theil,

welcher enthält: das neue Kriegsspiel, das uralte Königsspiel, das pythagoräische oder arithmetische Schachspiel, eine Abhandlung über das Schachspiel unter drey oder vier Personen.

Von
Johann Allgaier.

Mit Kupfertafeln.

Wien 1796,
bey Franz Joseph Rötzel, Buchhändler in der Singerstraße.

Seinen

Königl. Hoheiten

den

durchlauchtigsten Erzherzogen

Anton, Johann, Rainieri,
Ludwig, Rudolph,

gewidmet

von

Dero unterthänigst
gehorsamsten Diener
Johann Allgaier.

Vorrede.

Es haben die alten Weltweisen, um die Gemüther der Menschen, wann dieselbe im Studieren oder Kopfar=beit ermüdet waren, zu belustigen und zu ergötzen viele und mancherley

Spiele erfunden. Es sind aber die meisten derselben aus Länge der Zeit, oder durch Krieg, oder auch aus andern Ursachen gänzlich in Vergessenheit gekommen. Nur das edle Schachspiel und einige andere ihm ähnliche sind wegen ihrer Vortrefflichkeit und Unterhaltung uns noch erhalten worden. Diese uralte, und dennoch noch bekannte Spiele behaupten sogar noch heute unter allen neueren und älteren Spielen den ersten Rang. Wo findet man eine Provinz, ja wo findet man nur eine Stadt, wo nicht Liebhaber und Schätzer dieser verschiedenen Arten der Schachspiele angetroffen werden. Aber nicht jeder, der das einfache Schachspiel spielt, kennt auch das mit ihm verwandte Königsspiel, oder so umgekehrt.

Ich hörte dahero schon manchmahl den Wunsch äussern: ein Buch oder Anleitung zu den bekannten Arten des Schachspiels zu haben. Ich entschloß mich dahero, da ich die verschiedenen Gattungen des Schachspiels kenne, liebe, und auch viele Übung und Erfahrung darinn habe, diesen Wunsch zu erfüllen, und eine Abhandlung von diesen Spielen in Druck herauszugeben. Weil es aber mehrere Liebhaber giebt, die das einfache oder ordinäre Schachspiel mehr lieben, als das Königsspiel, oder pythagoräische Schachspiel, so fand ich es nöthig dieses Spiel genauer zu beschreiben, und abzuhandeln, und ihm also auch ein eigenes Buch zu bestimmen, welches schon allbereits im Druck erschienen ist. — Hier aber in diesem zweyten Theile folgt eine Abhandlung über das Königsspiel — über das arithmetische oder pythagoräische Schachspiel — über das Schachspiel, wenn drey oder vier Personen zugleich spielen — und endlich über das neu erfundene tactische oder sogenannte Kriegsspiel. Von diesem letzten Spiel habe ich zu erinnern:

Professor Ludwig Helwig in Braunschweig erfand ein neues Schachspiel, oder vielmehr ein aufs Schachspiel gebautes tactisches Spiel, kurz ein Kriegsspiel, in welchem alle Operationen und Gegenstände des Krieges vorkommen. Schon der Kampfplatz dieses Spieles unterscheidet sich vom ordinäre Schachbrett, denn dieses ist in bloß weiße und schwarze Felder abgetheilt, wo sich die Truppen, ohne ein Hinderniß des Terrains anzutreffen, lagern, und sich bewegen; auf jenem aber findet man diese Hindernisse, als Wässer, Berge, Dörfer ꝛc. Helwig theilte seine Steine oder Truppen in 3 Klassen ein, als Infanterie, Kavallerie, und Artillerie. Er erfand überdieß noch andere Geräthschaften und Maschinen, die man im Kriege so häufig braucht. Kurz dieß Spiel ist eine wahre Nachahmung des Krieges, und dennoch ist dieß Spiel nicht ganz brauchbar und besonders unterhaltend. Helwig hatte unstreitig durch seine mühsame Arbeit viel Verdienst, aber indem er alles zu genau nachahmen, und alles im Krieg Vorkommende hier sinnlich darstellen wollte, so machte er eben daher dieß Spiel verdrüßlich, und für Jeden abschreckend. Man hat bloß drey volle Stunden zu thun, um nur die Armee zu rangiren, und die Steine auf ihren gehörigen Ort zu setzen, drey Wochen bringt man zu, wenn man wenig achtsam spielen will, bis eine Parthie zu Ende ist. Ich kenne viele Liebhaber, die dieses Spiel so gerne spielen würden, und besonders für die Jugend angenehm und nützlich wäre, wenn es nur nicht die Länge und die viele Verdrüßlichkeiten hätte. Diesem abzuhelfen entschloß ich mich, dieses in seiner Art vortreffliche Spiel so abzuändern, daß es leicht, bald, und unterhaltend, ebenfalls mit Nachahmung des Kriegs gespielt werden kann.

Habe ich nun durch diese meine mühsame Arbeit zum Vergnügen der

Liebhaber der edlen Gattungen des Schachspieles etwas beygetragen, so finde ich mich für meine angewandte Zeit und Mühe hinlänglich belohnet.

Johann Allgaier.

Kriegsspiel.

II. Thl. A

Vorerinnerung
zum
Kriegsspiel.

Ein Kriegsspiel kann nur jenes genannt werden, welches die wesentlichsten und wichtigsten Gegenstände und Auftritte eines Land=Kriegs sinnlich darstellt, so viel es sich nemlich in einem Spiel thun läßt.

In einem Landkrieg aber hat man zu sehen auf die Gegend oder Terrain, worauf der Krieg geführt wird — auf den Unterschied der Truppen — und endlich auf die zum Krieg erforderlichen Geräthschaften. Also auch in diesem Spiel muß darauf gesehen wer=

ben, wenn es ein Kriegsspiel genennt werden soll.

Bey der Betrachtung der Gegend oder Kriegsschauplatzes finden wir, daß einige Theile desselben den Bewegungen der Truppen, und der Wirkung der Artillerie keine Hindernisse setzen; andere hingegen Hindernisse verursachen, die sich gar nicht, oder wenigstens wegen der Kürze der Zeit wegräumen lassen. So sind z. B. Berge, Wässer, Moräste ꝛc. natürliche Hindernisse, auf welche auch in diesem Spiel Rücksicht genommen werden muß.

In Ansehung der Truppen finden wir auch einen wichtigen Unterschied. Man theilt sie hauptsächlich in die 3 Klassen, als 1) Infanterie, 2) Kavallerie und 3) Artillerie, obwohl man außer diesen 3 Hauptklassen noch andere untergeordnete Arten der Truppen findet, die zwar nicht zum Kampf bestimmt, aber doch im Krieg nöthig sind, z. B. Pontonier. ꝛc.

Infanterie und Kavallerie (obwohl letztere wirksamer als die erste) wirken bloß in der Nähe, die Artillerie aber in der Ferne. Die Pontonier dienen bloß dazu, die mögliche Hindernisse zu heben. Alles dieß muß also auch im Kriegsspiel nachgeahmet werden.

Sehen wir nun auf die zum Krieg erforderlichen Geräthschaften, so finden wir deren eine große Menge, die theils bey Verschanzungen, theils bey Wegräumung der Hindernisse, und bey sonst so manchfaltigen Handlungen nothwendig sind. Das Kriegsspiel muß auch hierinn, so viel als möglich, einige Geräthschaften und dessen Gebrauch deutlich zeigen.

Wir wollen nun nach vorgegangenen Betrachtungen des Landkriegs, dieses Kriegsspiel genauer beschreiben, und dessen Gebrauch und Spielart erklären.

Von

der Form

oder

Einrichtung des Spielbrettes

oder

des Kriegsschauplatzes.

Daß Spielbrett stellt ein Quadrat vor, welches in 600 kleinere Quadrate abgetheilet ist, es hat nemlich 25 Felder der Länge und 24 der Breite nach.

Die Felder werden nicht wie im ordinäre Schachspiel allein in weiße und schwarze Felder abgetheilt, sondern sie werden durch 5 Farben von einander unterschieden.

Weiß und schwarz ist die größte Anzahl der Felder, und diese 2 Farben zeigen einen

Terrain an, wo man die Armee ohne alle Hinderniß agiren lassen kann.

Die übrigen Felder werden blau, roth und grün, illuminirt — die blauen Felder bedeuten Wasser, die rothen solche Gegenden, wo weder die Truppen marschieren, noch die Artillerie wirken kann, als z. B. hohe steile Felsen und Gebürge ꝛc. Die grünen Felder aber sind jene Gegenden, die den Truppen im Marsch Hindernisse verursachen, die aber die Wirkung der Artillerie nicht hindern, als Moräste ꝛc.

Außer diesen mit benennten 5 Farben illuminirten Felder giebt es noch andere, welche durch Diagonallinien in Triangel getheilt sind, wovon die eine Hälfte roth, und die andere weiß ist, und diese bedeuten Dörfer oder Städte.

Jeder Spieler hat noch über die schon genannte noch ein Feld, welches mit einem beliebigen Zeichen oder Farbe bezeichnet ist, und welches eine Festung bedeutet.

Überhaupt stellet das Spielbrett zwey aneinander gränzende Länder oder Reiche vor, die durch eine natürliche Gränzscheidung z. B. einen Fluß und Berg von einander unterschieben sind. Der Flächeninnhalt eines jeden Landes ist 576 Quadrate, 24 Quadrate aber, oder die ganze dreyzehende und mittlere Linie ist bestimmt die Gränzscheidung zu machen.

Die beygefügte Tafel wird zeigen, wie die Felder eines jeden Spielers gemahlen sind, das ist, welche die Städte, Berge oder Wässer bedeuten sollen. Doch ist zu erinnern, daß es in des Spielers freyer Willkühr stehe, wenn er ein solches Spielbrett machen läßt, eine andere und ihm selbst beliebige Ordnung der Wässer, Berge und Festungen ꝛc. zu machen. Er kann die 2 Reiche anderst als durch eine gerade Gränzscheidung von einander trennen. Er kann einem Reich mehr Wässer oder Berge geben, als dem andern ꝛc. der Endzweck dieses Spiels wird nicht verfehlt.

Von der Anzahl

der

zu diesem Kriegsspiele gehörigen Figuren und Maschinen.

Oben schon ist gesagt worden, daß die Truppen in mehrere Klaßen getheilt werden. Jeder Spieler hat daher:

An Infanterie und Kavallerie.

Einen Feldmarschall
Zwey Generals
Zwey Obristen.
Zwey Hauptleute.
Zwey Officier oder Lieutenants der Kavallerie.
Zwey Officier oder Lieutenants der Infanterie.

Sechs Kavalleristen oder gemeine Reiter,
Acht Infanteristen oder gemeine Soldaten.

An Artillerie.

Einen Officier oder Artillerielieutenant.
Sechs Artilleristen oder Feuerwerker.
Vier Kanonen, davon sind 2 vom ersten, eine vom zweyten und eine vom dritten Kaliber.
Zwey Haubitzen oder Mörser.

An übrigen Corps.

Einen Ingenieur Officier.
Vier Pontonier.

An Maschinen.

Vier Brückenwägen mit 16 Brücken oder Pontons.
Sechszehen Zeichen zu Brustwehren.
Fünf Zeichen zur Anzeigung des Brandes.
Fünf Zeichen zur Abbrechung der Gebäude.
Sechszehn Gewinn = Zeichen.

Von der

Gestalt (Form) und Farbe
der Figuren und Maschinen.

Daß die Figuren der beyden Spieler durch zwey beliebige Farben von einander unterschieden seyn müssen, ist ohnehin bekannt. Auch von ihrer Gestalt braucht man nichts zu erinnern; denn jeder Liebhaber läßt sich Figuren nach seinem Geschmacke verfertigen, nur muß er bey dessen Verfertigung mehr auf dessen Kenntlichkeit als auf eine gekünstelte Schönheit sehen. Auch lassen sich bey diesem Kriegsspiele die meisten Figuren theils ganz theils mit einigen veränderten Zusätzen vom ordinäre Schachspiel anwenden. —— Nicht unnöthig aber wird seyn, etwas mehreres von den dazu gehörigen Maschinen zu sagen, und zwar

1) von den Kanonen.

Man verfertiget ein dünnes vierseitiges Brettchen, welches so breit und doppelt so lange ist, als ein Feld vom Spielbrett. Auf die Hälfte dieses Brettchens, welche Hälfte so eben ein Quadrat einnimmt, befestige man einen Würfel, der nach der vordern Seite schräg abgeschnitten oder abgebößt ist. Den Würfel färbe man mit der Farbe seiner Steine, die andere Hälfte des Brettchens punctire man schwarz. In der Mitte des Brettchens kann man einen Stift befestigen, der zur Bequemlichkeit bey Fortrückung der Maschine dient. Oben an dem Würfel, auf der Seite, die abgebößcht ist, stecke man eine, zwey oder drey Knöpfnadel, und biege solche über die abgebößchte Seite herunter, so ist die Maschine, die eine Kanon anzeigen soll, fertig.

Noch ist zu bemerken:

a) Sticht man nur eine Nadel im Würfel, so ist eine Kanon vom ersten Kaliber, sticht man aber zwey Nadeln hinein, so ist es eine Kanon vom zweyten Kaliber, und drey Nadeln zeigen eine vom dritten Kaliber an.

b) Die leere Seite des dünnen Brettchens, wo nemlich der Würfel nicht befestiget ist, ist der Ort des Artilleristen, der die Kanon wirken macht.

c) Und stehet auf dieser leeren Seite kein Artillerist, so kann die Maschine weder sich bewegen noch auf eine Art wirken.

d) Der Artillerist ist nicht verbunden, immer auf diesem Ort stehen zu bleiben, er kann nach weiter unten beschriebener Art weiter ziehen, und ohne Artillerie kämpfen, die Maschine aber ohne ihn bleibet tod.

e) Stehet kein Artillerist auf dieser angewiesenen Fläche der Maschine, so kann eine andere, sogar feindliche Figur über die Fläche sich setzen und weg zu passiren, gleichsam wäre es ein schwarzes oder weißes Feld. Aber

f) wenn auch wirklich eine andere Figur diese Fläche besetzt, als ein Artillerist, so bleibet dennoch die Maschine tod. Es sey dann, daß sich ein feindlicher Artillerist auf diese Fläche setzt, so ist die Maschine wieder beweglich, und wirkt alsdann sogar gegen seinen vorigen Herrn.

II. Vom Wurfgeschütz.

Die Maschine, welche ein Wurfgeschütz (Mörser) vorstellt, ist die nemliche wie die der

Kanon, und gehet nur darinn ab, daß man anstatt einer Nadel ein krum gebogenen Drath, an dessen Ende ein rothes Kügelchen befestiget ist, über die abgeböschte Seite des Würfels Zirkelrund bieget.

III. Von den Pontonswägen.

Die Pontonswägen sind eben solche dünne Brettchen, wie die bey den Kanonen. Ein solches Brettchen wird ebenfalls in 2 gleiche Theile oder Flächen abgetheilt, von welcher jede so groß wie ein Quadrat des Spielbrettes ist, und jeder Theil wird schwarz punctiret. In der Mitte des Brettchens befestiget man einen Stift von feinem Drath, und versiehet ihn oben mit einem Büschel, dessen Farbe entscheiden muß, welchem Spieler das Brettchen zu gehöre, und welcher Drath zu gleich bey Fortrückung der Maschine dienet. —

Auf die Hälfte des Brettchens kommen 4 Brücken zu liegen, die andere Hälfte aber ist der Ort des Pontoniers, welcher den Pontonswagen leitet, und die Brücken schlagen muß.

IV. Von den Brücken.

Eine Brücke wird vorgestellt durch ein Stück feiner Pappe, von der Größe eines Quadrats, oder Hälfte des Pontonswagen. Sie werden mit weißen Papier überzogen, und mit 4 Paralellinien bezeichnet. Solche Brücken werden 4 auf die Hälfte des Pontonswagen gelegt, niemahl aber mehrere.

V. Von den Zeichen der Verschanzungen.

Das Zeichen, wodurch das Verschanzen im Kriegsspiel angezeigt wird, ist ein Stückchen feiner Pappe von der Größe eines Quadrats des Spielbrettes. Diese Zeichen werden grün illuminirt, nur müssen sie mit einem Kreuz bemerkt seyn; das Kreuz aber muß von jener Farbe der Figuren eines jeden Spielers seyn, damit man kenne, welchem Spieler die Brustwehr gehöre.

VI. Von den Zeichen zur Anzeigung des Brandes.

Das Zeichen, womit ein Brand angezeigt wird, ist ebenfalls ein kleines Stück

Pappe von der Größe eines Quadrats, nur aber ist dieß Zeichen ganz roth gezeichnet, und wird, wenn man einen Brand anzeigen will, auf ein Feld gelegt.

VII. Von den Zeichen zur Abbrechung der Gebäude.

Diese Zeichen sind ebenfalls ein Stück Pappe von der Größe eines Quadrats, und nach meinem angenommenen Plan oder Form des Spielbrettes hat der erste Spieler 3 weiß und 2 schwarz gefärbte Zeichen, der zweyte aber 3 schwarze und nur 2 weiße.

VIII. Von den Zeichen des Gewinns.

Hierzu kann man sich der meßenen oder sogenannten gelben Dantes bedienen, wovon jeder Anfangs des Spiels 16 empfangt.

Von dem Gang oder Zügen der Figuren.

1) Der Feldmarschall hat den Gang einer Königin und zugleich den Sprung eines Pferdes im ordindre Schachspiel.
2) Ein General gehet bloß wie eine Königin.
3) Ein Obrist hat den Zug eines Thurms und springt zugleich wie ein Pferd.
4) Ein Hauptmann ziehet bloß wie ein Thurm.
5) Ein Offizier der Kavallerie springt wie ein Pferd.
6) Ein Offizier der Infanterie lauft wie ein Laufer, da es aber solche zwey sind, so bleibt der eine, wie im Schachspiel, immer auf den weißen, und der andere immer auf den schwarzen Feldern.

7) Der Offizier der Artillerie, so wie der Ingenieur Offizier, haben den Gang wie der König, das ist immer einen Schritt vorwärts, rückwärts und seitwärts, das ist gerade, schräg aber können sie wie die Laufer so weit sie wollen, oder wegen andern Hindernissen können. Sie müssen dahero in der Gestalt wohl von einander unterschieden seyn.

8) Ein Infanterist oder Gemeiner gehet wie ein Bauer immer nur einen Schritt gerade und nicht schräg, aber in diesem Spiel hat er noch die Freyheit, welche er im Schachspiel nicht hat, seitwärts, vorwärts und rückwärts zu gehen, er schlägt aber nicht so, wie die übrigen Figuren auf die Felder, wo er eigentlich hingehet, sondern so wie im ordinäre Schachspiel der Bauer nur schrägs, aber auch vorwärts oder rückwärts, und bleibet dahero immer Bauer, kann niemahlen in einen Offizier verwandelt werden.

9) Der Kavallerist oder gemeine Reiter, gehet und schlaget accurat wie der Infanterist, nur anstatt ein Feld darf er,

wann er will, auf 2 gerades wegs gehen, und auf 2 ſchräg ſchlagen.
10) Der Artilleriſt und Pontonier gehen immer nur einen Schritt vorwärts, rückwärts und auch ſchräg, ſo wie der König, ſie ſchlagen auch ſo. Dieſe Figuren müſſen alſo wieder ſehr von einander in der Geſtalt unterſchieden ſeyn.

Noch iſt zu bemerken: daß diejenigen Figuren, welche nebſt ihren natürlichen Gang noch den Pferdſprung haben, als wie der Feldmarſchall und Obriſt, in einem Zug nur einen Gang machen dürfen, das iſt: wenn z. B. der Feldmarſchall wie eine Königin lauft, ſo darf ſie in den nemlichen Zug nicht wie ein Pferd ſpringen; und macht ſie den Pferdſprung, ſo darf ſie alsdann im nemlichen Zug nicht wie eine Königin ziehen.

Von dem Schlagen der Figuren.

In Ansehung des Schlagens der Figuren bleibet es im Ganzen wie im Schachspiel. Wir schlagen eine Figur, indem wir sie wegnehmen, und die unsrige die Stelle der weggenommenen einnehmen lassen.

Von der Artillerie.

Bey dieser haben wir zu beobachten dessen Bewegung oder Gang und dessen Wirkung oder Schlagen. Also

I. Von dessen Bewegung.

Die Artilleriemaschine kann auf dreyfache Art bewegt werden; denn erstlich wird sie weiter gerückt, oder zweytens wird sie nur geschwenkt oder gewendet.

Wird sie fort gerückt, so hat sie den Zug eines Thurms vorwärts, seitwärts und rückwärts, doch aber eingeschränkter, indem sie nur höchstens bis auf das fünfte Feld, das, worauf sie stehet, dazu gerechnet, bewegt werden kann; z. B. eine solche Maschine stünde auf 45 und 55 so kann sie folgende Züge machen:

I. Vorwärts.

1	auf 35	und 45
2	— 35	— 25
3	— 25	— 15
4	— 15	— 5

II. Rückwärts.

1	auf 55	und 65
2	— 65	— 75
3	— 75	— 85
4	— 85	— 95

III. Seitwärts rechts.

	auf		und	
1		46		56
2	—	47	—	57
3	—	48	—	58
4	—	49	—	59

IV. Seitwärts links.

	auf		und	
1		44		54
2	—	43	—	53
3	—	42	—	52
4	—	41	—	51

Wenn nemlich diese Felder mit keinen Truppen besetzt sind, oder sich keine andere Hindernisse auf denselben befinden.

Wird aber zweytens die Maschine nur gewendet, so kann auch dieses auf eine dreyfache Art geschehen: nemlich durch eine kleine, größere und größte Schwenkung. Beyspiele zeigen es deutlicher.

Durch eine kleine Schwenkung.

Es stünde z. B. auf den Feldern 56 und 66 eine solche Maschine, so kann sie durch diese kleine Schwenkung ihre Stelle folgender Art verändern.

a) Bleibet der Ort des Artilleristen auf 66 das Geschütz aber kommt aus 56 über 55 in 65.
b) Bleibet der Ort des Artilleristen auf 66 das Geschütz aber kommt aus 56 über 57 in 67.
c) Bleibet das Geschütz auf 56 und der Ort des Artilleristen kommt aus 66 über 65 in 55.
d) Bleibet das Geschütz auf 56 der Ort des Artilleristen kommt aus 66 über 67 in 57.

Durch eine größere Schwenkung.

Das Geschütz seye z. B. auf 56 und 66 befindlich, so geschiehet diese Schwenkung also:

a) Bleibet der Ort des Artilleristen auf 66 das Geschütz aber kommt aus 56 über 55. 65. 75. in 76 oder aber aus 56 über 57. 67. 77. in 76.
b) Bleibet das Geschütz auf 56 der Ort des Artilleristen kommt aus 66 über 65. 55. 45. in 46 oder aber aus 66 über 67. 75 47 in 46.

Durch die größte Schwenkung.

Diese ist von der kleinen Schwenkung nur darin unterschieden, daß die in Bewegung gesetzte Theile der Maschine einen weitern Weg nehmen müssen, um in ihre Stellung zu kommen. Es stünde z. B. eine Maschine auf 56 und 66. So bleibt der Ort des Artilleristen auf 66, das Geschütz aber gieng aus 56 in 65 aber nicht wie bey der kleinen Schwenkung über 55 sondern über 57. 67. 77. 76. 75 in 65.

Dieser größten Schwenkung bedienet man sich, wenn auf dem Felde eine Hinderniß wäre, welche die kleine Schwenkung hinderte.

Die Bewegung der Artilleriemaschine auf die erste Art, (Fortruckung) oder zweyte (dreyfache Schwenkung) gilt für einen Zug.

Von der Wirkung der Artillerie.

Da es Kanonen giebt vom größeren oder kleineren Kaliber, die größern auch nothwendiger Weise eine größere und stärkere Wirkung hervorbringen werden, so wird auch das Kriegsspiel diese Arten der Kanonen nachahmen.

Eine Kanon vom kleinsten oder ersten Kaliber wirkt nur drey Felder weit.

Eine Kanon von zweyten Kaliber wirkt bis ins vierte Feld.

Eine Kanon endlich vom dritten Kaliber reicht bis ins fünfte Feld.

Das Feld, worauf das Geschütz stehet, wird nicht dazu gerechnet.

Die Felder, auf welche also die Kanonen wirken, werden wir künftig hin die Wirkungsfläche der Artillerie nennen.

Alles was sich von feindlichen Figuren auf diesen Feldern, oder in der sogenannten

Wirkungsfläche befindet, kann der Besitzer des Geschützes, wenn der Zug an ihm ist, in einem Zug wegnehmen, ohne daß weder die Maschiene, noch der darauf befindliche Artillerist bewegt werden. Z. B. Es stünde eine Kanon vom ersten Kaliber auf 47 und 57, so sind die 3 Felder 37 27 17 in dessen Wirkungsfläche. Sollten nun auf diesen Feldern 3 feindliche Figuren stehen, so können alle drey in einem Zug genommen werden. — Doch kommt es auf den Besitzer des Geschützes an, ob er die Kanon nur eins, oder zwey Felder weit will wirken lassen, aber nie kommt es auf ihn an, ob er es will aufs dritte Feld wirken lassen, und auf die zwey ersten nicht. Eben so wenig wirkt eine Kanon aufs dritte, vierte oder fünfte Feld, wenn auf dem ersten oder zweyten Feld eine eigene Figur stünde.

Auch stehet es dem Besitzer der Kanon frey, ob er sie gleich will wirken lassen, oder aber ob er vorhero einen andern Zug machen will.

Da die Artillerie nur auf einer Seite wirkt, das ist: gerade für sich auf der nemlichen Seite, nemlich wohin sich die Böschung des Würfels neiget, so kann man ihr auf den übrigen Seiten ohne Gefahr ganz nahe seyn,

Die Wirkung der Artillerie erstreckt sich auch auf die feindliche Artillerie, welche in die Wirkungsfläche der unsrigen kommt. Sollte dahero eine feindliche Artillerie entweder aus Versehen oder aus Hoffnung unbekannt zu bleiben in die Wirkungsfläche unseres Geschützes kommen, so wird sie ruinirt, und die Maschine wird, um dieses anzuzeigen, aus dem Spiel genommen. Hat aber die feindliche Artillerie das Glück von der unsrigen nicht entdeckt zu werden, und die unsere befindet sich also in ihrer Wirkungsfläche, so hat unsere ebenfalls das widrige Schicksal, wenn der Gegner nemlich am Zug ist, ruinirt zu werden.

Das feindliche Geschütz aber kann nur mit einem Theile der Maschine, nemlich mit jener Hälfte, worauf das Geschütz befestiget ist, in unsere Wirkungsfläche kommen, die andere Hälfte aber nicht, so wird in diesem Fall, wenn wir am Zug sind, das Geschütz ruinirt, und aus dem Spiele genommen. Wäre nun ein Artillerist auf der andern Hälfte befindlich, so bleibet dieser auf dem Felde stehen, worauf der Ort des Artilleristen gestanden, und muß also nun ohne Geschütz als Soldat kämpfen.

Sollte aber die andere Hälfte, nemlich der Ort des Artilleristen, in die Wirkungsfläche kommen, das Geschütz aber nicht, so ist zu beobachten, ob ein Artillerist darauf stehet oder nicht. Ist kein Artillerist darauf, so schadet die Kanon dieser leeren Hälfte auch dem Geschütz nichts. Befindet sich aber ein Artillerist darauf, so wird dieser erschossen, und die Maschine bleibet so lange, bis diesen Ort wieder ein anderer Artillerist besetzet, unbeweglich.

Die Wirkung des Geschützes gilt für einen Zug; es von einem Ort zum andern bewegen, ebenfalls. Wer es also beweget, kann es nicht in eben den Zug wirken lassen.

Blau und grün illuminirte Felder hindern die Wirkung der Kanonen nicht, wenn nemlich nicht mehr dann 2, 3 oder 4 hinter einander sind; denn so stark ist ihre Wirkungsfläche. Roth illuminirte aber hindern die Wirkung. Ist z. B. das zweyte Feld der Wirkungsfläche einer Kanon vom dritten Kaliber roth, so kann diese nicht aufs dritte und vierte Feld wirken, und feindliche Truppen können sich also dort ohne Gefahr lagern.

Kleines Geschütz schadet dem größern eben so gut, wenn dieses in jenes seine Wirkungsfläche kommt, wie großes dem kleinen. Der Unterschied ist also hauptsächlich nur darin, daß das größere weiter reicht.

Vom Wurfgeschütz.

Da die Maschine, welche ein Wurfgeschütz vorstellt, von der nemlichen Art ist, wie die Maschine einer Kanon, so ist klar, daß auch diese ohne Bewegung und Wirkung bleibet, wenn nicht ein Artillerist sie regieret. — Übrigens haben wir wieder auf ihre Bewegung und auf ihre Wirkung zu sehen.

I. Von dessen Bewegung.

Die Bewegung des Wurfgeschützes ist wie bey der Kanon zweyfach, entweder durch Fortrückung oder durch eine dreyfache Schwenkung. Es ist also nichts weiter davon zu sagen nöthig, denn wer die zweyfache Art der Bewegung von der Kanon versteht, versteht auch die des Wurfgeschützes.

II. Von dessen Wirkung.

Das Wurfgeschütz hat seine Wirkung bis ins fünfte Feld, das nicht mitgerechnet, worauf es stehet. Diese fünf aneinander stehende Felder sind also seine Wirkungsfläche.

Da aber die Wirkung des Wurfgeschützes mehr einen Punkt als eine Linie betrifft, so wirkt das Wurfgeschütz nicht auf alle Felder der Wirkungsfläche zu gleicher Zeit, sondern nur auf eines derselben nach Willkühr des Besitzers. Die auf dem Felde dieser Wirkungsfläche befindliche feindliche Figur, oder das was sonst durch den Wurf ruinirt wird, nimmt man weg, ohne das Wurfgeschütz zu bewegen.

Das Wurfgeschütz dienet hauptsächlich dazu, um geschlagene Brücken und Gebäude in Brand zu stecken.

Ein blau und grünes Feld hindert die Wirkung desselben nicht, wohl aber ein rothes. — Eine vom Feind aufgeworfene Brustwehr hindert ebenfalls die Wirkung nicht.

Befindet sich in der Wirkungsfläche zwischen einer feindlichen Figur und dem Wurfgeschütz eine eigene, so kann man doch die feindliche erschiessen, dieß aber nicht mit einer Kanon.

Von der Wirkung des Wurfgeschützes auf Gebäude.

Kommt ein Gebäude in die Wirkungsfläche unseres Wurfgeschützes, so kann solches von uns in Brand gesteckt werden, es mögen auf dem Feld, worauf ein Gebäude vorgestellt wird, Figuren oder Geschütz befindlich seyn oder nicht. Dieß in Brand stecken gilt für einen Zug, und wird folgender Gestalt angezeigt.

Man belegt das anzusteckende Gebäude mit einem rothen Zeichen.

Sollte nun auf diesem angesteckten Ort eine Figur oder Geschütz stehen, und der Feind ziehet sie nicht also gleich weg von diesem Ort, nachdem es angesteckt ist, sondern will noch einen andern Zug machen, so ist die Figur, oder was sonst darauf befindlich, verlohren. Wir nehmen solche, so bald der Zug wieder an uns ist, weg, und verrichten dennoch noch einen Zug.

Sollten nun an das in Brand gesteckte Gebäude noch andere Gebäude stossen, so werden diese durch jenes angesteckt. Man belegt nemlich, wenn der Zug wieder an uns ist, das benachbarte mit einem rothen Zeichen, und macht dennoch noch einen Zug. Es kann aber bey jedem Zug nicht mehr als eines angesteckt werden.

Abgebrannte Gebäude machen den Ort worauf sie gestanden, sechs Züge über impracticabel, so als wenn der Ort Anfangs grün illuminirt gewesen wäre. Nach sechs Zügen aber nimmt man die rothe Zeichen weg, und verwechselt solche mit schwarzen oder weissen. Dadurch wird aus dem Ort, wo vorhero Gebäude gestanden, ebenes mit den Hauptfarben des Brettes illuminirtes Terrain.

II. Thl.   C

Der Feind aber kann dem Brand Einhalt thun, dadurch, daß er, wenn er am Zug seyn sollte, ein weißes oder schwarzes Zeichen auf das Feld leget, worauf das Gebäude, welches in Gefahr ist angesteckt zu werden, stehet. Doch kann dieses nur geschehen:

a) Wenn dieser Ort mit einer seiner Figuren vertheidiget ist.
b) Sollen aber eben so viele feindliche Figuren dieses Feld angreiffen, als es von eigenen vertheidiget ist, so kann es nicht geschehen. Das Feld muß mit einer Figur der unsrigen mehr vertheidiget seyn.
c) Auch kann es nicht geschehen, wenn das Gebäude in der Wirkungsfläche des feindlichen Geschützes befindlich ist, obwohl es mit unseren Figuren vertheidiget wäre.

Das Belegen eines Feldes mit einem weißen oder schwarzen Zeichen zeigt an, daß man das Gebäude selbst abgebrochen hat, und gilt dahero für einen Zug.

Von den Brücken.

Im Kriege sind die Brücken unentbehrlich. Diese aber werden auf den sogenannten Pontonswägen von einem Ort zum andern gebracht. Gegenwärtiges Spiel, um den wahren Krieg nachzuahmen, muß also auch die Brücken sinnlich vorstellen. Da aber oben schon gesagt worden, wie die Brücken und dessen Wägen hier in diesem Spiel vorgestellt werden, so wollen wir also gleich von ihren Gebrauch und Spielart reden.

Auf jeden Brückenwagen werden Anfangs des Spiels 4 Brücken und niemahls mehr, aber nur auf die eine Hälfte des Wagens gelegt. Die andere Hälfte, (es ist gleichviel, welche es seye) ist bestimmt für den Pontonier. Wenn keiner auf diesem Ort stehet, so ist der Brückenwagen unbeweglich, und auch keine Brücke kann weder herunter genommen noch hinauf gelegt werden.

Sollte also auf der Hälfte, wo die Brücken nicht liegen, kein Pontonier seyn, so können auch andere Truppen über diese Hälfte, nicht aber über die andere, so lange nur noch eine Brücke oben liegt, wie auf weiße und schwarze Felder gehen und auch stehen. — Die Maschine bleibet immer unbeweglich, es mag eine eigene oder feindliche Figur auf der leeren Hälfte des Pontonier stehen. Setzt sich aber ein eigener oder feindlicher Pontonier darauf, dann ist sie wieder beweglich. Nur ist der Unterschied, kommt ein feindlicher Pontonier auf diese leere Stelle, so wird er die Brücke für sich anwenden.

Die Bewegung eines Pontonswagen ist die nemliche wie die einer Artilleriemaschine. Der Brückenwagen kann, wenn ein Pantonier darauf ist

a) entweder vorwärts, seitwärts, rückwärts 5 Felder weit fortgerückt werden, oder

b) kann sich auf die dreyfache Art nur schwenken.

Jede Bewegung des Pontonswagen gilt für einen Zug.

Der Pontonswagen kann sich auch bewegen, wenn keine Brücke mehr auf ihm befindlich, wenn nur ein Pontonier darauf stehet.

Ist aber keine Brücke mehr auf einem Wagen, so können beyde Flächen mit eigenen oder fremden Truppen besetzt werden.

Sollte aber auf einem Wagen, auf dem keine Brücken mehr sind, auf einer Hälfte ein Pontonier, auf der andern aber eine feindliche Figur stehen, so kann der Pontonier den Wagen nicht in Bewegung bringen, bis dieser wieder von diesem Ort von einer Figur oder Geschütz vertrieben ist.

Von Schlagung einer Brücke.

Eine Brücke vom Wagen herunter nehmen, und mit derselben ein blaues Feld belegen, heißt eine Brücke schlagen.

Man kann aber nur eine Brücke herunter nehmen und sie schlagen, wenn der Pontonswagen so nahe an dem blauen Felde ist, daß er es mit einer seiner Seite oder mit der

Spitze einer seiner Winkel berühret. So kann man z. B. siehe Taf. 2. von dem Pontonswagen auf 77 und 78 die Brücken herunter nehmen, und sie über 66. 67. 68. 69. 76. 79. 86. 87. 88. 89. schlagen, wenn eines dieser Felder Wasser bedeuten sollte.

Es kann immer nur eine Brücke in einem Zug geschlagen werden.

Die erste Brücke, welche von dem Wagen abgenommen wird, um sie zu schlagen, muß dergestalt gelegt werden, das sie den Wagen berühret, die übrigen legt man auch so, oder dergestalt, daß sie die bereits geschlagene Brücken berühren.

Über eine geschlagene Brücke kann man passiren, und alles verrichten, was man auf weißen und schwarzen Feldern verrichten kann.

Von

Abbrechung der Brücken.

Eine Brücke abbrechen heißt im Kriegsspiel eine Brücke von dem Ort, worauf sie geschlagen war, wegnehmen, und sie auf den Wagen legen.

Es kann aber keine Brücke auf den Wagen gelegt werden, wenn nicht

a) ein Pontonier auf dem Brückenwagen stehet.

b) Wenn der Pontonswagen nicht an die abzubrechende Brücke stoſſet, oder wenigstens an eine andere Brücke, welche mit der abzubrechenden in Verbindung ist (wenn der Pontonswagen auf 46. 47 ist) So kann z. B. die Brücke auf 35 nicht zuerst, dann erst jene auf 25 und 15 abgebrochen werden. Umgekehrt aber kann es wohl geschehen. Dieß ist natürlich.

Das Abbrechen einer Brücke gilt für einen Zug. Es können also 4 Brücken in 4 Zügen abgebrochen werden.

Von
Ruinirung der Brücken.

Eine Brücke abbrechen und eine Brücke ruiniren unterscheidet sich darinn, daß man eine abgebrochene Brücke auf den Wagen leget, und sie, wenn es nöthig seyn sollte, abermahl schlaget, eine ruinirte Brücke hingegen nimmt man gänzlich aus dem Spiele, und kann sie also nicht mehr brauchen.

Ruinirt aber wird eine Brüke auf folgende Art:

a) Sollte eine feindliche Figur auf diejenige Hälfte des Pontonswagen hinschlagen, worauf die Brücken liegen, so ist sie berechtiget, wenn der Feind am Zug ist, eine Brücke herunter zu nehmen, und aus dem Spiele zu setzen. Sollte aber diese Fläche des Pontonswagen mit einer eigenen Figur vertheidiget seyn, so darf er die Brücke nicht ruiniren, es sey dann, daß 2 feindliche Figuren die nemliche Fläche angreiffen, und wenn wieder 2 eigene Figuren vertheidigen, so müssen 3 feindliche Figuren seyn, u. s. w.

b) Darf der Feind auch eine geschlagene Brücke ruiniren, wenn nemlich mehr feindliche Figuren dieselbe angreifen, als eigene sie vertheidigen. Ist sie aber gleich stark vertheidiget, so kann es nicht geschehen.

c) Sollte aber ein Pontonswagen mit Brücken beladen, in die Wirkungsfläche unseres Geschützes kommen, so können wir mit einer Kanon vom ersten Kaliber 2 Brücken mit einer Kanon vom zweyten Kaliber 3, und mit einer vom dritten Kaliber 4 Brücken zugleich ruiniren, indem wir solche aus dem Spiele setzen, und die Artillerie stehen lassen. Dieß gilt für einen Zug.

d) Auch geschlagene Brücken, wenn sie in die Wirkungsfläche kommen, können durch Geschütz ruinirt werden, und zwar 2, 3 oder 4 zugleich, nachdam es eine große oder kleine Kanon ist. Z. B. Es wären 3 Brücken in der Wirkungsfläche einer Kanon vom ersten Kaliber, so kann in diesem Falle die Kanon nicht auf alle 3 Felder wirken, sondern nur die ersten 2 Brücken ruiniren, denn ihre Kraft ist nicht stärker.

e) Sollte aber ein Pontonswagen in die Wirkungsfläche eines Wurfsgeschützes kommen, so können alle Brücken, die auf den Wagen befindlich, zugleich ruinirt werden.

f) Geschlagene Brücken kann ein Wurfgeschütz nur eine ruiniren, weil ihre Wirkung nur auf einen Punkt geht, und nicht auf ihre ganze Wirkungsfläche, auf dem Punkt aber oder Quadrat liegt immer nur eine Brücke.

g) Wäre aber eine geschlagene sowohl als eine noch auf dem Pontonswagen liegende, durch ein gleich starkes Geschütz vertheidiget, so kann ihr das feindliche Geschütz nicht schaden. Wäre z. B. ei=

ne Brücke von einer feindlichen Kanon vom zweyten Kaliber angegriffen, und auch von einer eigenen ebenfalls vom zweyten Kaliber vertheidiget, so kann die feindliche nichts schaden, wäre sie aber bloß von einer vom ersten Kaliber vertheidiget, so würde sie ruinirt werden. —— Hier ist zu bemerken, daß ein Wurfgeschütz einer Kanon vom dritten Kaliber gleich geachtet wird.

h) Ist eine Brücke von der Artillerie vertheidiget, so mögen sie noch so viele Figuren angreiffen, sie können ihr nicht schaden.

Auch seine eigene Brücken kann man ruiniren, wenn nemlich sie nicht vertheidiget werden kann, auch man keine Zeit gewinnt, sie abzubrechen, oder zu reteriren, und also in Furcht seyn muß, sie möchte in die Hände der Feinde fallen, der sie zu seinem Vortheil brauchen möchte.

Es geschieht auf folgende Art:

1) Durch Figuren, wenn man nemlich siehet, daß die Figuren, welche die Brücke vertheidigen, durch einen gar zu starken

feindlichen Angriff vertrieben werden sollten, oder vielleicht gar geschlagen, und die Brücke also in die Gewalt des Gegners kommen würde, so kann die letzte Figur, die sich reterirt, die eigene Brücke in Brand stecken, das ist: er legt ein rothes Zeichen auf die geschlagene Brücke, und dieß gilt schon für einen Zug; auch ist von diesem Brand das nemliche zu beobachten, wie bey Anzündung der Gebäude.

2) Durch unser Geschütz können wir geschlagene Brücken ruiniren, wenn wir 2, 3 oder 4 Brücken, wenn der Zug an uns ist, zusammen schießen, und sie aus dem Spiele nehmen. Dieß gilt ebenfalls für einen Zug.

Vom Verschanzen.

Ein Quadrat des Brettes mit ein Verschanzungszeichen belegen heißt in diesem Spiel

sich verschanzen, und das Zeichen eine Brust=
wehr.

Eine Brustwehr verfertigen gilt für ei=
nen Zug. Man kann aber, so oft der Zug
an einem ist, die Brustwehr mit einem Zeichen
verstärken. Zu 4 auf einander gelegte Zei=
chen braucht man also 4 Züge, und mehr als
4 Zeichen darf man nicht über einander legen.
Auch kann nur auf einem leeren, schwarzen
oder weißen Felde eine Brustwehr angelegt
werden.

Eine Brustwehr anlegen kann nur der
Ingenieur Officier, dieser muß also auf das
Feld, wo eine angelegt werden soll, hinschla=
gen, und auch nahe bey ihm seyn, das ist:
auf einem angränzenden Felde stehen.

Eine Brustwehr hindert, daß weder
Truppen noch Geschütz über dieß Feld weder
sich setzen, noch darüber passiren können.

Eine Brustwehr verhindert zwar die Wir=
kung des feindlichen Wurfgeschützes auf das,
was in der Wirkungsfläche desselben hinter
der Brustwehr stehet, nicht aber die Wirkung
des übrigen Geschützes.

Die Brustwehr verhindert aber die Wir=
kung des eigenen Geschützes nicht. Es stünde
z.B. auf 47 und 48 eine eigene Kanon vom zwey=

ten Kaliber; auf dem Feld 46 aber haben wir eine Brustwehr aufgeworfen, und auf 43. 94 siehet eine feindliche Kanon ebenfalls vom zweyten Kaliber,. so kann in diesem Falle unser Geschütz dem seinigen schaden, er aber kann dem unsrigen nicht schaden.

Von der Vertheidigung.

Dieß kann geschehen:
1) Durch Geschütz, wenn sie nemlich in dessen Wirkungsfläche liegt.
2) Durch Figuren, welche auf dieses Feld im nächsten Zug hinschlagen.

Von dem
Angreiffen einer Brustwehre.

Dieß kann geschehen:

1) Durch das feindliche Geschütz, in dessen Wirkungsfläche die Brustwehre liegt eine Kanon vom ersten Kaliber, schlägt 2 Zeichen in einem Zug, so ruinirt auch das Wurfgeschütz 4 Zeichen der Verschanzung.

2) Durch feindliche Figuren, welche auf dieses Feld, wo die Brustwehr ist, hinschlagen, so kann man auf einen Zug immer nur ein Zeichen wegnehmen.

Die feindlichen Figuren können der Brustwehr nicht schaden, wenn sie mit gleich viel Figuren vertheidiget ist. Eben so kann auch das feindliche Geschütz der Brustwehr nicht schaden, wenn es mit gleich starkem Geschütz vertheidiget ist.

Wir haben eine Brustwehr verlassen, wenn keine unserer Figuren solche mehr vertheidiget, oder wenn sie nicht mehr in der Wirkungsfläche unseres Geschützes ist.

Wir besetzen eine verlaßene Brustwehr, wenn wir entweder machen, daß sie in die Wirkungsfläche unserer Artillerie komme, oder daß wir sie durch unsere Figuren vertheidigen. In diesem Falle verwechseln wir das vom Feind zuletzt aufgelegte Verschanzungszeichen mit dem unsrigen, und dieß verwechseln gilt keinen Zug.

Diese in Besitz genommene Brustwehr ist für uns eben das, was eine für uns war, die wir selbst verfertiget haben.

Die Brustwehr kann nicht abgetragen und wieder gebraucht werden, wie die Brücken, wohl aber kann sie ruinirt werden, und dann kommen die Zeichen ganz aus dem Spiele.

Von der

Endigung des Spiels.

Das Kriegsspiel wird geendiget nicht wie das Schachspiel durch die Gefangenehmung einer einzigen Figur, sondern man trachtet das feindliche Land zu erobern. Ein Land wird aber dann erobert angesehen, wenn man dessen Hauptstädte, noch mehr aber die Festungen des Landes eingenommen hat. Also auch in diesem gegenwärtigen Kriegsspiel muß jeder trachten des Gegners Land zu erobern, daß ist, seine Stadt entweder in Besitz zu nehmen, oder zu verheeren, und hauptsächlich aber die Festung in seine Gewalt zu bekommen.

Die Stadt kann also vom Feind erobert seyn, die Festung aber noch nicht, so ist auch das Spiel noch nicht geendet. Sollte aber der Gegner die Festung in Besitz nehmen, so ist das Spiel aus, denn man versteht, daß nach eingenommener Festung die Stadt sich selbst ergeben muß.

Man kann also in diesem Spiel festsetzen:

a) Die Festung ist dann erobert, wenn eine feindliche Figur das Feld, worauf die Festung stehet, besetzen kann, ohne daß sie im folgenden Zug weggetrieben oder aber geschlagen werden kann.

b) Die Stadt wird ebenfalls in Besitz genommen durch Hinsetzung feindlicher Figuren, oder aber sie wird in Brand gesteckt.

c) Erobert der Feind die Stadt, ohne sie anzuzünden, das ist: durch Besitznehmung, so ist man schuldig für jedes Gebäude 2 Gewinnzeichen (Dantes) zu geben.

d) Behält nun der Feind diese Stadt so lange in Besitz, bis er auch die Festung erobert hat, so bekommt er am Ende noch 2 Zeichen für jedes Gebäude.

e) Wird aber der Feind aus der Stadt getrieben, bevor er die Festung erobert, so ist er nicht schuldig etwas zurück zu zahlen; im Gegentheile, wenn er sie abermahl vor der Einnahme der Festung erobert, so bekommt er neuerdings 2 Gewinnszeichen für jedes Gebäude, und dieß so oft er sie einnimmt.

f) Sollte aber der Feind anstatt die Stadt einzunehmen, sie in Brand stecken, so zahl man ihm nur für jedes Gebäude ein Zeichen.
g) Können wir aber die Gebäude selbst abbrechen, bevor sie in des Feindes Gewalt kommen, so zahlt man für die abgebrochenen Gebäude nichts.
h) Erobert endlich der Feind die Festung, so ist er Sieger, und erhält noch 6 Gewinnzeichen dazu.

Jemehr nun am Ende des Spiels, das ist: nach Eroberung der Festung ein Spieler Gewinnzeichen hat, desto größer ist sein Ruhm, und sollte man um Geld spielen, desto größer sein Gewinn.

Von der Stellung
der Figuren und Maschinen auf dem Spielbrett.

Im Krieg stellt der Commandirende seine Armee nach seiner Willkühr und Einsicht, der Feind hat also gar selten die nemliche Stellung. Die größte Kunst aber bey der Lagerung der Truppen bestehet darinn, daß sie sowohl zum Angriff als Vertheidigung geschickt und tauglich geordnet sind. Gegenwärtiges Spiel muß auch hierinn das natürliche nachahmen.

Jeder Spieler stellt also seine Armee und Geräthschaften nach seinem Gutbefinden. Er zeige gleich Anfangs schon seine Kriegserfahrenheit, seine Geschicklichkeit, gute Stellungen und Plane zu machen. Der Vortheil ist augenscheinlich auf Seite dessen, der Anfang eine geschicktere Stellung genommen, und sich so gelagert hat, daß er in des Feindes Land leicht einfallen, und doch sein eigen Land vor Überfälle auf alle Seiten sichern kann.

Nach meinem Plan lassen sich noch folgende Regeln festsetzen.

1) Es wird ein Schirm, der von beliebiger Materie und Form gemacht ist, auf die Gränzlinie der beyden aneinander stoffende Reiche gestellt, damit kein Spieler die Lagerung der feindlichen Truppen sehe, bevor das Spiel beginnt.

2) Die 3 ersten Linien eines jeden Spielers, die an diese mittlere oder Gränzlinie angränzen, dürfen anfangs mit Figuren oder Maschinen nicht besetzt werden, damit, wenn der Schirm weggenommen wird, die Figuren nicht schon beysammen stehen.

3) Jeder Spieler kann seine Figuren und Maschinen außer diesen 3 Linien stellen wie er will und gut befindet, das versteht sich von sich selbst bloß auf schwarzen und weißen Feldern, oder auch auf den rothen und schwarzen zugleich.

4) Die Zeichen zu Brustwehren — zur Anzeigung des Brandes — zur Abbre=

chung der Gebäude, und die des Gewinns läßt jeder Spieler ausser dem Spielbrett neben sich liegen, und nimmt sie erst dann, wann er sie braucht.

5) Die Pontonswägen aber stehen auf dem Spielbrette, und die Brücken können entweder auf dem Wagen liegen bleiben, oder aber sie können geschlagen werden, bevor der Schirm aufgezogen wird.

Königsspiel

Unterricht
im
Königsspiel.

Wer dieses uralte Kriegsspiel lernen will, muß vorhero das ordinäre Schachspiel spielen können, wenn er auch in diesem Spiel kein Meister ist, so ist es schon hinlänglich, wenn er die Züge und Spielart der Schachsteine versteht. Anfänglich scheinen zwar die Züge der Figuren im Königsspiel viel anders zu seyn wie im ordinären Schachspiel; allein bey unserer Untersuchung findet man die größte Ähnlichkeit. Die Spieltafeln zwar sind sich sehr ungleich.

Von der

Form und Einrichtung

des

Kampfplatzes oder der Spieltafel.

Dieses Königsspiel kann von 2, 4, 6, 8 auch 10 Personen zugleich gespielt werden; weil aber die letzten Arten nicht mehr wegen der Länge unterhaltend sind, so rede ich also bloß von der Einrichtung des Spielbrettes, wenn 2 Personen spielen.

Das Spielbrett wird nicht so wie das Schachbrett bloß in weiße und schwarze Felder abgetheilt, sondern hier muß man auf die Linien, die Quadraturen, und endlich auf die runden Feldlein sehen.

Zuerst beobachte man den Unterschied der Linien, die zweyerley sind, als nemlich gerade und schräge oder überzwerche. Die geraden Linien sind ebenfalls zweyerley; dann die eine laufen gerade für sich hinauf, die andern aber von einer Seite zur andern oder Hand zur Andern, so auch die Zwerchlinien.

Nach den Linien sind in Acht zu nehmen: die Quadraten; das kleine Quadrat ist ein viereckigtes Feldlein von vier runden Feldlein umgeben — das grosse Quadrat nennt man jenes, welches aus vier kleinen Quadraten zusammen gesetzt ist.

Unter den runden Feldern versteht man diejenigen Plätze, auf welche die Figuren gelagert werden, und solche runde Feldlein sind auf jeder Seite 11, also 121 in allem, wenn man unter 2 spielet. Die beygefügte Spieltafel wird es deutlicher zeigen.

Die geraden sowohl als die schrägen Linien werden eine um die andere grün und roth angestrichen, das ist: zwischen zwey grüne kommt allezeit eine rothe, und zwischen zwey rothe eine grüne Linie; überdieß ist bey den schrägen Linien zu beobachten, daß allezeit 2 grün und 2 rothe Linien im Spitz zusammen treffen, aber niemahls eine rothe und grüne.

Die Feldlein aber werden gelb gefärbt mit Gummi Gutti, und der Grund wegen diesen gelben Farben mit einem gar dünnen Indigwasser ein wenig blau gemacht.

NB. Bey der beygefügten Tafel zeigen die Linien mit einen Kreuzlein bezeichnet, die rothen, die ungezeichneten die grünen Linien an.

Von der
Anzahl und Benennung
der Steine.

Jeder Spieler hat 30 Steine von 14 verschiedenen Benennungen und Werthe. Als:

1) König, von dessen Gefangennehmung ebenfalls wie im gemeinen Schachspiel der Gewinn oder Verlust der Parthie abhängt.
2) Marschall, welches der beßte Stein ist.
3) Colonel,
4) Reiterhauptmann
5) Kanzler, zwey.
6) Rath, zwey

7) Herold, zwey
8) Geistliche, zwey
9) Ritter, zwey
10) Kurir, zwey
11) Adjutant, zwey
12) Trabant, drey
13) Leibschütz, drey
14) Soldat, deren sechs sind;
in allen also 30 Figuren, welche jeder Spieler hat, und sollt es von 4 Personen zugleich gespielt werden, so hat ein jeder diese 30 Figuren.

Von der Stellung der Steine.

Auf der ersten oder äußersten Linie mitten stehet der König, auf dessen rechter Seite der Marschall, auf der linken Seite der Colonel, neben dem Marschall ein Kanzler, neben dem Colonel ebenfalls ein Kanzler, neben jeden Kanzler ein Rath, neben jeden Rath ein Ritter, neben jeden Ritter ein Herold.

Auf der andern Linie in der Mitte vor dem König ein Trabant, und vor jedem Kanzler auch einer, vor jedem Ritter aber ein Adjutant. Die übrigen Felder bleiben leer.

Auf der dritten Linie in der Mitte vor dem Trabanten stehet der Reiterhauptmann auf jeder seiner Seite ein Kurir nach seiner gehörigen Farbe, an jedem Kurir lagern sich 3 Soldaten, neben diesen auf den zwey letzten oder Randfeldern die 2 Geistliche.

Auf der vierten Linie stehen in der Mitte die 3 Leibschützen neben einander, so, daß auf jeder Seite neben ihnen 4 leere unbesetzte Felder bleiben.

Von dem

Gang der Steine.

1) Der Soldat gehet immer nur einen Schritt von Feld zu Feld gerade für

sich, nicht zurück, noch auf die Seite; schlagt aber des Feindes Stein nicht gerade, sondern überzwerch, doch allezeit auf einer quer durchlaufenden Kreuzlinie, z. B. er stünde (siehe beygefügte Tafel) auf 73, so gehet er auf 62, dann auf 51, nicht aber auf 72, 74, 61, 63, stünde aber ein feindlicher Stein auf 62, so kann er nicht gehen, auch den feindlichen Stein nicht nehmen, wohl aber schlagt er die feindlichen Steine die auf 61, 63 stehen. Er kann also auf Felder stehen, wo er gar nicht schlagen kann, z. B. er stünde auf 72, so kann er bloß auf 61, wenn dieses Feld leer ist, gehen, aber nichts kann er schlagen, weil keine Zwerglinie durch dieß Feld gehet, und er nur zwerch schlaget.

2) Der Leibschütz gehet auch nur immer einen Schritt von einem runden Feld zum andern, aber nicht blos für sich, sondern auch hinter sich und auf die Seite, aber niemahls überzwerch oder auf schrägen Kreuzlinien, sondern er bleibet immer auf den geraden Linien. Und wie er geht, so schlagt er auch die

Steine. Z. B. Er stünde auf 73, (siehe Tafel) so gehet er auf 62, 84, 72, 74, aber nicht 61, 63, 83, 85.

3) Der Trabant ziehet auch nur einen Schritt, aber auf allen geraden und überzwerchen Linien für sich und hinter sich, und auf die Seite auch überzwerch, und wie er ziehet, so schlagt er; z. B. er stünde (siehe Tafel) auf 73 so kann er auf 61, 62, 63, 72, 74, 83, 84, 85.

4) Der Ritter ist ein springender Stein, und macht seinen Sprung allezeit von einem Ecke des kleinen Quadrats zum andern, über die durchlaufende Kreuzlinie, aber nicht derselben nach, und wie er springt so schlagt er. Noch ist zu bemerken, daß er niemahls auf ein Feld kommt, wo eine Kreuz = oder Querlinie durchgehet; z. B. er stünde auf 72, so springt er auf 60, 62, 82, 84.

5) Der Adjutant ist ein laufender Stein, und hat seinen Lauf auf allen Kreuzlinien, so weit er will, aber niemahl lauft er auf geraden Linien. Er schlagt aber die Steine nicht, so weit er lau-

fen kann, sondern so er einen Stein
hinwegnehmen will, oder den seinigen
defendiren, muß er sich zuvor hart an
denselben ansetzen, sonst kann er keinen
schlagen. Z. B. Er stünde auf 73,
so kann er, wenn nichts im Wege ist,
bis 1 oder 33 oder 113 oder 121, stün=
de aber ein feindlicher Stein auf 43,
so muß der Adjutant sich zuerst auf 53
setzen, und den folgenden Zug kann er
den feindlichen Stein schlagen.

6) Des Geistlichen Zug ist allezeit auf ge=
geraden Linien, niemahls aber über=
zwerch auf einer Kreuzlinie, und ist
sein weitester Gang auf einmahl oder
in einem Zug über 2 Quadratfelder der
geraden Linien nach, so wohl für sich,
hinter sich und auf die Seite, wenn er
aber will, darf er nur einen Schritt
gehen, und wie er gehet, so schlagt
er; z. B. er stünde auf 73, so kann
er gehen auf 51, 75, 95, 71, darf
aber auch nur gehen auf 62, 74, 84,
72.

7) Der Kurir ist ein laufender Stein, und
kann auf den Zwerch= oder Kreuzlinien
durchs ganze Spiel laufen, niemahl

aber auf geraden Linie. Doch ist der erste verbunden immer nur auf den rothen Zwerchlinien, und der andere auf den grünen zu laufen, und so der rothe Kurir auf ein Feld zu stehen kommt, durch welches eine rothe und grüne Linie zugleich durchgehet, so kann er dem Stein keinen Schaden thun, so auf der grünen Linie auf ihn kommet; dieß versteht sich auch vom grünen Kurir; z. B. der rothe Kurir stünde auf 75, so kann er, wenn nichts im Weg ist, bis 3 oder 99 oder 55 oder 115; wenn er aber nur bis 85 gienge, so kann er dem Stein nichts schaden, der auf 73 oder 97 stehet.

8) Der Rath ist auch ein laufender Stein, und lauft über alle Zwerch = oder Kreuzlinien ohne Unterschied der Farbe, und schlagt auch so wie er gehet. Der Unterschied zwischen ihm und dem Kurir ist, daß dieser letzte nur auf der Linie seiner schon gewählten Farbe bleiben muß; der Rath aber auf alle Zwerchlinien ohne Unterschied gehet.

9) Der Reiterhauptmann ist ein springender Stein, und lauft also niemahl auf

einer Linie, sondern allezeit über Eck, und zwar wann er will durchs ganze Spiel, und gleichwie die andern Steine ihre Schranken der Weite nach haben, so hat er es der Nähe nach also, daß er nicht nur über ein Eck wie ein Ritter in einem Zug, sondern wenigstens über 2 Eck springen muß, er kann aber auch, wenn es dienlich ist über 6. 8. 10 Ecke springen. Z. B. er kann also wie der Ritter auch auf kein solches Feld zu stehen kommen, wo eine Kreutzlinie durchgehet. Z. B. er stünde auf 74; so kann er auf 54 auch 44 oder aber 98 auch 110 oder aber 94, 104, 114; oder aber 50, 38, 26, 14, 2. Er kann aber nicht von 74 auf 62, 64, 84, 86 springen, weil er wenigstens 2 Quadrat durchspringen muß.

10) Der Herold ist ein laufender Stein, und lauft, wenn nichts im Wege ist, so weit er will, aber nur auf geraden und keiner Zwerchlinie für sich, hinter sich, und auf die Seite. Z. B. er stünde auf 74, so kann er bis 8, 67, 77, 118 laufen.

11) Der Kolonell ist auch ein laufender Stein, und hat die Verrichtung wie sonst eine Königin: denn ihm ist erlaubt, auf allen geraden und überzwerchen Linien, vor sich, hinter sich, überzwerch, und auf beyde Seiten zu laufen, so weit er will.

12) Kanzler ist ein springender Stein. Er hat dreyerley Züge: 1) des Ritters einfachen Sprung vom Eck des kleinen Quadrats ins andere. 2) Hat er den doppelten Rittersprung, als von einem Eck ins andere über 2 Quadrat, sowohl vor sich und hinter sich, als auch vor sich und hinter sich zugleich, und in solchem Sprunge kann er 2 Steine nehmen auf einmahl. 3) Der dritte Sprung ist über ein halbes großes Quadrat übers Eck. Z. B. er stünde auf 74, so kann er den einfachen Rittersprung machen auf 62, 64, 84, 86; oder aber er kann den doppelten Sprung machen auf 64 bis 54, oder auf 86 bis 98, oder auf 84 bis 94, oder auf 62 bis 50, wenn er nemlich den geraden doppelten Sprung macht; macht er aber den krummen,

oder vor sich und hinter sich zugleich: so kann er von 74 auf 64, bis 52 oder 76, oder aber von 74 auf 86 bis 96 oder 76, oder aber von 74 auf 84 bis 72 oder 96, oder aber von 74 auf 62, bis 52 oder 72, und die Steine, welche auf diesen zwey Feldlein sind, schlagt er beyde. Nach seinem dritten erlaubten Sprunge kann er von 74 auf 53, 65, 51, 61, 83, 95, 87, 97.

13) Der Marschall ist ein springender und laufender Stein zugleich. Erstlich laufet er auf allen geraden und überzwerchen Linien, vor sich, hinter sich, überzwerch, seitwärts so weit er will, so wie der Kolonell. Zweytens macht er den einfachen Rittersprung, aber nicht den doppelten, welcher bloß dem Kanzler erlaubt ist. Drittens macht er aber den großen Sprung über ein halbes großes Quadrat wie der Kanzler.

14) Der König gehet immer nur ein Feld weit auf allen geraden und überzwerchen Linien vor sich, hinter sich, überzwerch, und seitwärts.

Nöthige Bemerkungen.

Dieses Königsspiel kann auf zweyfache Art geendet werden. Erstlich, wenn ich den König wie im ordinaire Schachspiel so einschließe, daß er dem angebothenen Schach auf keine Art ausweichen kann, ohne wieder in Schach zu kommen, auch den Schach bietenden Stein nicht nehmen kann. Zweytens, wenn ich meinen König auf das Feld, worauf der feindliche König Anfangs des Spiels steht, setzen kann, weil dieß gleichsam anzeiget, daß der König aus seinem Lande vertrieben wird, und der Feind vom Land Besitz genommen hat. Und durch diese zweyte Endigung unterscheidet es sich vom ordinaire Schachspiel.

Man sagt wie beym Schachspiele dem König Schach an, aber sonst keinem Steine.

Der König kann in diesem Spiele nicht rochen.

Rühmlicher ist der Sieg, wenn man dem Könige eine Figur läßt, und ihn nicht gänzlich seiner Steine entblößet; ja einige behaupten, daß der Sieg gar nicht gelte, wenn man dem Könige alle Figuren raubet. Um dem Streit auszuweichen kann man festsetzen, daß ich dem König eine Figur lassen muß, und daß diese Figur, wenn sie auch unvertheidiget ist, nicht genommen werden darf, es sey dann, wenn der Gegner sich auf dieses verlassen wollte, und mir mit dieser einzigen Figur meine Steine wegnehmen wollte, indem er glaubt, ich darf, wenn ich gewinnen will, seine Figur nicht nehmen: so soll es mir erlaubt seyn, wenn er nemlich mir einen solchen Stein nimmt, der vertheidiget ist, seinen Stein auch zu nehmen, und den König allein Matt zu machen.

Dieses Königsspiel unterscheidet sich vom Schachspiele auch darinn, daß ein König ohne Figuren gegen den andern König ebenfalls ohne Figur, ja sogar gegen einen König mit Figuren gewinnen kann. Wenn nemlich der einzelne König sich auf das Feld des feindlichen Königs stellen kann.

Wenn vier zugleich spielen, so spielen die zwey gegenüber sitzende zusammen als Freunde, und man muß sich alsdann vergleichen, was im Spiele zu sagen, wegen der nöthigen Hülfe oder überhaupt von den zu machenden Zuge erlaubt ist.

Das pythagoräische oder arithmetische Schachspiel.

Das pythagoräische oder arithmetische Schachspiel.

Von der Form des Brettes und von den dazu gehörigen Steinen.

Das Schachbrett ist ein länglichstes Viereck, oder ein doppelt ordinäre Schachbrett, welches nemlich 16 Felder in die Länge, und 8 in die Breite; also in allen 64 weiße und 64 schwarze Felder enthält.

Jeder Spieler hat 24 Steine — nemlich 8 runde — 8 dreyeckigte und 7 viereckigte — und einen aus diesen 3 Gattungen zusammen gesetzten Stein, welcher Thurm genennt wird. Er besteht nemlich aus 2 viereckigten, 2 dreyeckigten und 2 runden Steinen. Der ſchwarze Thurm aber hat nur einen runden, alſo in allen nur 5 Steine.

Dieſe Steine ſind in der Höhe oder Dicke wie die ordinäre Dammſteine, nemlich ¾ Zoll, in der Breite aber muß man ſie nach der Größe der Felder machen laſſen. — — Die Steine des Thurms aber werden über einander geſetzt, ſo zwar: der unterſte oder Grundſtein hat die Größe von den übrigen viereckigten Steinen. Der zweyte, der auf ihn geſetzt wird, auch ein viereckigter, muß etwas kleiner ſeyn. Auf dieſen kommt ein dreyeckigter, dann wieder ein kleinerer dreyeckigter, endlich ein runder, auf dieſen noch ein runder, der etwas kleiner iſt, ſo daß der Thurm ſich in eine Pyramid zuſpitzet. Dieſe Steine müſſen zwar aufeinander halten, aber man muß ſie doch leicht von einander herunter nehmen können.

Die 24 weiſſen Steine ſind auf der andern Seite ſchwarz, und die 24 ſchwarzen auf ihrer andern Seite weiß. — Aus Urſache, damit wenn einer zu viel Stein verlieren würde, und alſo mit ſeinen noch habenden Steinen die erforderliche Verhältniſſe nicht mehr bekommen könnte, er ſich der dem Gegner geraubten Steine bedienen könnte. — Es ist ihm nemlich bey Mangel seiner Steine erlaubt, so viel Steine als er für gut befindet, des Gegners umzukehren, damit sie seine Farbe bekommen, wie sie ebenfalls auch auf der weißen Seite mit seinen Ziffern bezeichnet sind, und sie auf seine letzte Linie zu stellen.

Die Ziffern der 8 runden weißen Steine sind:

2. 4. 6. 8. und dessen Quadratziffer 4. 16. 36. 64.

Der weißen dreyeckigten.

6. 20. 42. 72. 9. 25. 49. 81.

Der weißen viereckigten.

15. 45. 153. 25. 81. 169. 289.

Die Ziffer der 8 runden schwarzen Steine sind:

3. 5. 7. 9. und dessen Quadratzahlen 9. 25. 49. 81.

Der schwarzen dreyeckigten.

12. 30. 56. 90. 16. 36. 64. 100.

Der schwarzen viereckigten.

28. 66. 120. 49. 121. 225. 361.

Die Zahlen des weissen Thurm sind: 1. 4. 9. 16. 25. 91. der oberste oder kleinste runde Stein wird mit 1 bezeichnet, und so herunter, daß nemlich 91 auf den letzten oder untersten Staffel zu stehen kommt. Die Zahlen des schwarzen Thurms sind: 16. 25. 36. 49. 190. Der runde Stein ist bezeichnet mit 16, und so herunter, also daß der unterste mit 190 numerirt ist.

Von der

Stellung der Steine.

Das Schachbrett muß also gestellt werden, daß die beyden Spieler der Breite nach einander gegen über sitzen. Die Steine aber werden so gestellt, daß sie der Länge nach gegen einander gezogen werden. Jeder Spieler ziehet also seine Steine von der rechten zur linken Hand. — Die Steine werden anfänglich auf die 4 letzten Linien gelagert — doch so, daß auf der vierten Linie nur vier runde Steine kommen, und die übrigen vier Felder, nemlich auf jeder Seite 2 leer bleiben, und auf die äußerste oder letzte Linie nur vier Viereckigte kommen, die übrigen 4 Felder auf dieser letzten Linie, nemlich die 4 mittlern bleiben leer. Beygefügte Tafel wird es deutlicher zeigen.

Von dem

Gang der Steinen.

Die runden Steine werden gerade vorwärts wie die Bauern im Schachspiel, doch immer nur ein Feld weit gezogen, auch zurück können sie wieder gehen.

Die dreyeckigten laufen überzwerch (Diagonallinie) wie die Laufer, doch allezeit nur über eines in ein drittes Feld, auch wieder zurück.

Die viereckigte gehen gerade und seitwärts, hinter und für sich, wie die Thürme, doch nur über 2 Felder in ein viertes.

Die Thürme, weil sie aus allen 3 Gattungen zusammen gesetzt sind, haben also auch den Zug von den runden, zeckigten und 4eckigten zugleich, ja, sie können sogar, wenn sie von den feindlichen Steinen so belagert sind, daß sie mit ihren ordentlichen Zügen nicht mehr gehen konnten, den Sprung vom Pferd im ordinäre Schachspiel machen.

Von der

Art zu Spielen.

Anfänglich muß man suchen den Gegner so viel Steine wegnehmen zu können, als möglich, denn je weniger Steine mein Gegner hat, desto leichter werde ich die verschiedenen Siege, von welchen unten weiter wird gesagt werden, erhalten können.

Die Steine werden aber auf 6erley Art genommen oder geraubet: als 1) durch Zählen (Numeratio) 2) durch Zusammenrechnen (Additio) 3) durch Abziehen (Subtractio) 4) durch Vermehren (Multiplicatio) 5) durch Theilen (Divisio) und 6tens) durch Einsperrung (inclusio).

Durch Zählen geschieht es. Wenn der Gegner einen Stein auf ein solches Feld ziehet, auf welches Feld mein Stein mit gleich bezeichneter Ziffer den folgenden Zug gehen könnte, so bin ich befugt, des Gegners Stein zu nehmen. Mein Stein aber bleibt auf seiner

Stelle, z. B. er ziehet seinen mit der Ziffer 9 bezeichneten Stein auf ein Feld, wo mein ebenfalls mit 9 bezeichneter Stein den folgenden Zug hingehet, so nehme ich seinen Stein weg.

Durch Zusammenrechnen geschieht es: Zwey Steine mit geringern Zahlen können einen mit einer höheren Zahl bezeichneten Stein erlangen und gewinnen, wenn nemlich ihre zusammen gezählte Zahlen mit des andern Zahl übereinstimmt, und zugleich beyde kleine Steine auf das Feld schlagen, worauf der größere Stein stehet. Z. B. Der Gegner ziehet seinen dreyeckigten Stein mit 12 bezeichnet, auf ein solches Feld, wohin meine 2 Steine mit den Zahlen 4 und 8 bezeichnet hingehen könnten, den folgenden Zug, so darf ich ihm seinen Stein nehmen, weil 4 und 8 die Zahl seines Steins, nemlich 12, ausmachen. Meine Steine aber bleiben stehen.

Durch Abziehen geschieht es: Wenn 2 Steine von gleicher Farbe auf ein solches Feld gezogen werden können, wo ein feindlicher Stein stehet mit der Zahl die herauskommet, wenn ich die 2 gleichen Steine von einander abgezogen habe, so wird dieser Stein genommen, sie aber bleiben in ihrer Stelle:

z. B. der Gegner ziehet seinem Stein mit der Zahl 9 auf ein solches Feld, wohin meine 2 Steine mit den Zahlen 6 und 15 gehen könnten, so nehme ich seinen Stein weg, weil 6 von 15 abgezogen die Zahl 9 heraus kommt.

Durch Vermehrung oder auch Theilung geschiehet es: Wenn 2 Steine, ein schwarzer und ein weißer, dergestalt gerückt sind, daß zwischen ihnen so viel leere oder unbesetzte Felder sind, als oft des einen Zahl in des andern sich findet, so können kleinere Zahlen durchs Vermehren größere nehmen, oder die größere durchs Theilen kleinere, je nachdem einer den Zug hat. Z. B. Zwischen dem schwarzen zeckigten Stein mit der Zahl 12 und dem weißen runden mit 4 bezeichnet, sind 3 leere Felder, so kann, wenn schwarz den Zug hat, durch Theilen der weiße Stein genommen werden, denn er theilt mit 3, welches die leeren Felder bedeutet die Zahl 12, und es kommt 4 heraus, also wird der runde Stein mit 4 genommen. Hätte aber der weiße den Zug, so vermehret er seine Zahl 4 mit 3, welches die Felder bedeutet, und es kommt 12 heraus, es gewinnet also der weiße den schwarzen Stein mit 12.

Durch Einsperren geschiehet es: Wenn ein Stein von des Gegners Steinen so umgeben ist, daß er durch seinen ihm gebührenden Gang nicht kann gerückt noch von einem andern Stein seiner Farbe kann erlößt werden, so wird er als unnütz ausgemustert, und also genommen. —— Hier ist noch zu bemerken: der weiße viereckigte Stein mit der Zahl 153 und der schwarze viereckigte mit 190 werden nur durch Einsperren verlohren oder gewonnen.

Nothwendige Regeln.

1) Es kann einer des andern Stein nicht nehmen, so ferne derselbe seinen Gang gemäß nicht gezogen wird.
2) Wann zwischen 2 Steine, die einander nehmen könnten, ein anderer Stein stehet, der diese beyde bedecket, und derselbe nun weggerückt wird, so kann ich seinen

Stein nehmen, aber keinen andern Zug mehr machen. Übersehe ich es aber, daß ich ihn nehmen könnte, und also stehen lasse, so gewinnt der Gegner meinen Stein, und darf noch einen Zug machen.

3) Wenn einer ein Stein auf solchen Ort setzet, wo er vom Gegner genommen werden kann, nimmt der Gegner denselben, und ruckt gleichwohl noch einen seiner Steine.

4) Wann einer von den Spielern nicht gewahr wird des andern Stein nehmen zu können, und also stehen läßt, und der Zug an ihn kommt, und abermahl nehmen kann, so nimmt er denselben, und ziehet noch einen Stein, welches ihm nicht erlaubt gewesen wäre, wenn er ihn das erstemahl genommen hätte, weil aber der Gegner ihn dafür nicht gestraft, und seinen Stein nicht genommen hat so straft er durch diesen Zug den Gegner.

5) Wann zwey Steine also gegen einander gerückt sind, daß der eine den andern durch Vermehren oder Theilen nehmen könnte und nicht nimmt, sondern einen andern Zug macht, so gewinnt der Geg=

ner den Stein, und ziehet doch noch einen eignen Stein.

6) Wann zwischen einem Stein und dem Felde, in welches derselbe könnte gezogen werden, ein Stein von ihm oder dem Gegner stehet, so kann er dahin nicht gezogen werden.

7) Die Thürme, die so vielerley Züge haben, sind mit der Freyheit begabt, daß sie ihre Steine, welche ihnen sollen genommen werden, durch andere Steine ihres Hauffens oder welche sie vom Feinde erlangt haben, auf welche dieselbe Zahl stehet, welche auf dem Stein, den sie verliehren sollten, gezeichnet ist, wieder an sich wechseln. Wann aber kein Stein, darauf die nemliche Zahl ist, bey ihnen vorhanden, oder ein feindlich geraubter da wäre, so wird dieser Stein also genommen. Wann aber die unterste Staffel oder Grundstein nemlich mit den Zahlen 91 und 190 genommen werden sollen, so kann man denselben nicht auswechseln, sondern er kommt ganz aus dem Spiele.

8) Es soll einer alle Steine, welche er dem Gegentheil nimmt, umwenden, auffer der Tafel, damit sie seine Farbe haben, da=

mit er dieselbe entweder alle oder etliche, nemlich nach Gefallen gebrauchen könne.

9) Wann die viereckigte Steine eines Thurms genommen sind, so kann er nicht mehr wie die viereckigte gerucht werden, desgleichen ist, wann ihm die zeckigte oder runde Steine genommen werden.

10) Wann ein Thurm belagert ist, so kann er sich mit eines Pferdes Sprung erretten, oder aber es muß ihm einer seiner Steine zu Hülfe kommen. Wann er aber so belagert ist, daß ihm gar nicht geholfen werden kann, so kommt er ganz aus dem Spiele, wird ganz umgekehrt, und der Gegner braucht ihn wie seine Steine.

Von den verschiedenen

Arten, den Sieg zu erhalten.

Hier unterscheidet sich dieses Spiel von dem ordinäre Schachspiel. Man sucht nicht.

einen einzigen Stein einzusperren oder zu gewinnen, als nemlich den König, um den Sieg davon zu tragen, sondern man trachtet einige Steine so neben einander auf des Feindes Felder zu setzen, daß ihre Zahlen, die mathematische Verhältnisse enthalten. In der Mathematik haben wir aber 3 Verhältnisse (Proportiones) als 1) das arithmetische, 2) das geometrische, und 3) das harmonische. Aus diesem folgt also: daß auch der Sieg dreyfach ist, das ist: daß ich gleichsam 3mahl siegen muß, um das Spiel gänzlich zu endigen. Der große, der größere und der größte Sieg.

Der große Sieg wird erhalten, wenn ich 3 Steine mit solchen Zahlen, die ein Verhältniß ausmachen, was es immer für ein Verhältniß ist, auf des Feindes Felder nach der Ordnung setzen kann, das ist: habe ich die schwarze Farbe, so müssen meine Steine, die das Verhältniß ausmachen, auf weiße, auf einander folgende, oder auch an einander stossende Felder gesetzt werden. So wie derjenige, welcher weiß hat, es auf schwarze Felder setzen muß. — Die feindlichen Felder aber werden jene genannt, welche auf den 8 ersten Linien des Feindes enthalten sind, das ist: die 64 Felder auf der Seite des Feindes.

Der zweyte oder größere Sieg wird erhalten, wenn ich anstatt 3 Steine vier auf des Feindes an einander folgende Felder jener Farbe, von dessen die Steine meines Gegners sind, setze oder bringe, die zugleich 2 Verhältnisse, was immer für eine, ausmachen.

Der dritte oder größte Sieg wird erlangt: Wenn ich 4 Steine mit solchen Ziffern bezeichnet auf des Feindes aneinander stossende Felder bringe, die alle drey Verhältnisse in sich zugleich enthalten.

Hier ist aber besonders zu bemerken, daß ich diese gesagte Verhältnisse nicht allein mit meinen eigenen Steinen zuweg zu bringen genöthiget bin, sondern ich kann die Steine des Feindes dazu gebrauchen, ja ich kann sogar mit des Feindes Steine alle diese Verhältnisse zuweg bringen. Z. B. Der Feind hat 2 zum Verhältnisse machen taugliche Steine auf oben gesagten Feldern stehen, so setze ich entweder 2 meine eigene Steine, oder aber ich zwinge den Gegner noch 2 von seinen auf die auf einander folgende Felder zu setzen, welche mir die gesagten Verhältnisse ausmachen.

In der beygedruckten Schachtafel zeigen die Buchstaben jene Felder an, welche als an=

gränzend oder auf einander folgende verstanden werden, obwohl die Buchstaben auf dieser Tafel nicht alle auf des Feindes Felder stehen, weil dieß wegen den darauf befindlichen Steinen nicht geschehen konnte. Im Spiele aber müssen sie, wie schon gesagt, bloß auf des Feindes Felder gesetzt werden. Sehet die Tafel. Die Steine müssen also gesetzt werden, die die Verhältnisse ausmachen sollen, entweder wie A B C D oder A E G H oder A I F L oder B I F K.

Wenn man aber diese Verhältnisse nicht zuweg bringen will, entweder sie scheinen zu schwer, oder man will sich nicht anstrengen, diese Verhältnisse mit Mühe zu finden, so kann man das Spiel auch endigen, ohne daß man die Mühe nimmt (so angenehm es auch immer ist) die Verhältnisse zuweg zu bringen.

Man kann es endigen auf folgende Art:

1) Wann man bloß raubt und die Steine nimmt, wer also zuerst keinen Stein mehr hat, hat verlohren.
2) Wer zuerst eine gewisse Anzahl Steine, welche verabredet worden, erlangt hat, gewinnt das Spiel.

8) Wer zuerst eine gewisse Summe, welche die Ziffer der geraubten Steine ausmachen muß, erlangt hat, z. B. die Summe 100, gewinnt die Parthie.

Und so beruhet die Endigung dieses Schachspiels auf Verabredung. Angenehmer und unterhaltender bleibt es immer, wenn man sich bemühet, die Verhältnisse heraus zu bringen.

Kleine Abhandlung.

Von den verschiedenen Arten der Verhältnisse, auch dieselbe leicht zu finden.

Da es gewiß viele Liebhaber dieses Schachspiels geben wird, die zwar etwas rechnen können, aber die verschiedenen Arten der Verhältnisse nicht genugsam kennen, besonders das harmonische Verhältniß, so wird es nicht unnöthig seyn, die Arten der Verhältnisse zu erklären, und leichte Regeln anzugeben, wodurch ein jeder im Stande ist, die Verhältnisse zuweg zu bringen.

Es giebt in der Mathematik drey Arten von Verhältnissen: 1) das arithmetische, 2) das geometrische, und 3) das harmonische.

Das arithmetische nennt man bey diesem Schachspiele jenes, wenn drey gegebene Zahlen sich mit gleichem Unterschied übertreffen, oder wo man bloß auf die Differenzen siehet. Z. B. 2, 4, 6. Der Unterschied oder Differenz zwischen 2 und 4 ist die nemliche, wie zwischen 4 und 6, wenn ich nemlich 2 von 4 abziehe, so bleibet 2, wie wenn man 4 von 6 abziehet.

Das geometrische Verhältniß ist jenes, wenn die gegebenen Zahlen also gesetzt sind, daß die geringste Zahl so oft in der mittleren enthalten, als diese in der größten enthalten ist. Hier siehet man also nicht auf die Differenz, sondern auf den Quotienten. Z. B. 2, 4, 8. Das erste Glied ist hier so oft im zweyten, das ist im Vierer enthalten: nemlich zweymahl als das zweyte Glied im dritten enthalten ist, auch zweymahl.

Das harmonische Verhältniß wird jenes genannt, wenn 3 Zahlen gesetzt werden, und die Differenz der beyden ersten Zahlen ist so oft in der Differenz der zwey letzten Zahlen enthalten, als oft die erste oder geringe Zahl in der letzten oder größten enthalten ist. Z. B. 3, 5, 15. Die Differenz zwischen 3 und 5 ist 2, und zwischen 5 und 15 ist 10. Die erste Differenz 2 ist aber so oft in der zweyten Differenz 10 enthalten, als das erste Glied 3 in dem größten 15 enthalten ist, nemlich 5 mahl.

Bey dem arithmetischen und geometrischen Verhältniß ist ein Satz, was es immer für einer ist, der abgehen sollte, sehr leicht zu finden nach der gemeinen Rechnung. Es ist also unnöthig, mehr von diesen zwey Verhältnissen zu erklären. Gehet aber bey dem harmonischen Verhältniß ein Satz ab, so wird es gewiß für viele sehr schwer seyn, den abgängigen Satz zu finden, weil dieß harmonische Verhälniß wenig bekannt ist, und wenige Bücher davon Erklärung geben. Hier setze ich die Regeln bey, um das fehlende Glied zu finden.

Erſte Aufgabe, das unbekannte erſte Glied zu finden.

Subtrahire das zweyte Glied von dem doppelten dritten, und dividire mit dem Reſt das Produckt der zwey bekannten Glieder. Z. B. 10, 30, wären die bekannten Glieder, ſo ziehet man 10 von dem doppelten 3ten, das iſt 60 ab, ſo bleiben 50, mit dieſem Reſt dividiret man in das Produckt, welches entſtehet, wenn 10 und 30 multipliciret wird, welches 300 ausmacht, und 50 in 300 geht 6 mahl, alſo iſt 6 das erſte Glied.

Zweyte Aufgabe, das unbekannte zweyte Glied zu finden.

Dividire das doppelte Produckt beyder bekannten Glieder durch ihre Summe, ſo giebt der Quotient das zweyte Glied. Z. B. 6, 30, wären die zwey bekannten Glieder; das doppelte Produkt von 6 und 30 iſt 360, in dieß wird dividiret mit der Summe der bekannten Glieder. 6 und 30 macht 36, und 36 in 360 dividirt geht 10 mahl: alſo iſt 10 das zweyte Glied.

Dritte Aufgabe, das dritte unbekannte Glied zu finden.

Subtrahire das zweyte Glied von dem doppelten ersten, und dividire mit dem Rest das Product der zwey bekannten Glieder, so ist der Quotient das dritte. Z. B. 6, 10 wären die bekannten Glieder, so zieht man 10 von dem doppelten ersten, nemlich 12 ab, mit dem Rest 2 dividiret man in die Summe, welche enstehet, wenn 6 und 10 multiplicirt werden, es kommt heraus 60 in 60 aber ist 2; 30mahl enthalten also ist 30 das gesuchte Glied.

Zur Erleichterung aber, die drey Verhältnisse zugleich zu finden, dienet nachstehendes Verzeichniß der Ziffer, welche auf denen zu diesem Spiele gehörigen Steinen aufgezeichnet sind, die diese drey gesagten Verhältnisse ausmachen.

	o(⁓)o	97	o(⁓)o
2	3	4	6
2	9	16	72
3	5	15	25
4	6	8	12
4	6	9	12
5	9	45	81
5	25	45	225
6	8	9	12
12	15	16	20.

II. Thl.

Unterricht
im
Schachspiel unter Vieren.

Unterricht
im
Schachspiel unter Vieren.

Von der Form des Brettes.

Der Kampfplatz oder das Schachbrett ist ein rechtwinklichtes Quadrat, und enthält 14 Felder in der Länge, und eben so viele in der Breite, also in allem 196 Felder, theils weiße, theils schwarze. In jedem Ecke aber des Schachbrettes kommen 9 Felder weg, das ist, entweder werden diese Felder mit einer andern Farbe gemahlen, oder aber vom Tischler schon ganz ausgeschnitten. Es bleiben also nur noch zum Gebrauch des Spiels 160 Felder übrig, und das Schachbrett stellt nach dieser Art ein Kreutz vor.

Von der

Anzahl der Steine.

Die Anzahl der Steine ist 64, von diesen hat ein jeder der 4 Mitspieler 16, und zwar die nemlichen wie im kleinen Schachspiele, das ist: 1 König, 1 Königin, 2 Laufer, 2 Pferde, 2 Thürme, und 8 Bauern. Die Steine aber müssen durch 4 verschiedene Farben, die man nach Gefallen wählen kann, unterschieden seyn.

Von der

Stellung der Steine.

Weil also das Schachbrett, nachdem nemlich an jedem 9 Felder abgezogen sind, nur noch 8 Felder wie im kleinen Schachspiele auf einer Seite enthält, so werden auch die Steine so wie dort gelagert, ausgenommen die Königinen: denn hier beobachten sie nicht, Regina conservat colorem, sondern sie stehen alle auf einem weißen Felde, so daß sie dem Laufergange nach alle 4 auf einander treffen. —

Von dem

Gang der Steine.

Die Steine werden auf die nemliche Art gezogen, wie im Schachspiele unter Zwey. Nur ist bey den Bauern zu bemerken: die Bauern thun 1) nur immer einen Schritt, 2) gehen sie, wenn sich zwey freundliche Bauern begegnen, seitwärts dem Laufergang nach, bey einander vorbey, alsdann aber noch einmahl seitwärts in die vorige Reihe, in welcher sie kamen, und in derselben weiter fort, und werden 3) Officier, wenn sie in die erste Reihe des Feindes, oder auch durch Schlagen in die des Feindes kommen, welches letztere aber ein seltener Fall ist.

Erklärung

einiger Wörter, die bey diesem Spiele gebraucht werden, und mehrerer nothwendigen Regeln.

Freund, Mitspieler, oder Gehülfe heißt derjenige, welcher gegenüber sitzt, und mit welchem ich also in Einverständniß spiele.

Feind oder Gegenspieler heißen diejenigen, welche mir zur rechten und linken Hand sitzen. Man benennet sie am besten den rechten und linken Gegenspieler, und merke hierbey, daß derjenige, welcher uns rechter Hand sitzt, unsre vorzüglichste Aufmerksamkeit verdient, weil ich nicht sogleich hinter ihm ziehe, und daher sein Freund von seinem Zuge Vortheil einärndet.

Todt oder Matt wird derjenige genennt, dessen König nicht mehr ziehen kann, obwohl er noch nicht verlohren hat, bis sein

Mitspieler ebenfalls in dem nemlichen Falle ist, und den König nicht mehr spielen kann.

Die Rochat ist in diesem Spiele nicht bekannt, weil hier die Flanken am schwächsten sind, und zu gleicher Zeit mehr angegriffen, und nicht so gut vertheidiget werden können.

Die Züge gehen nach der rechten Hand die Reihe herum. Um den Anzug und das Zusammenseyn bey der ersten Parthie wird geloset, aber man vergleicht sich nach Gefallen.

Regeln des Mattes.

Welcher von den Spielern zuerst Matt geworden ist, darf nicht ziehen, bis er von diesem Matt befreyt ist. Seine Armee aber bleibt in der Stellung, in welcher sie war, als er Matt wurde. Man kann unter seine Steine die eigenen im Kreise setzen, sogar den König so setzen, daß seine Steine Schach bieten, wenn er nicht Matt wäre. So lange er es ist, sind seine Steine unthätig. Es darf ihm kein Stein geschlagen werden, als bis er nach geschehener Erlösung oder Befreyung vom Matt gezogen hat, weil er sonst zu sehr geschwächt würde, und sein Freund ohnedieß dadurch, daß einige Zeit zwey gegen ihn gespielt haben, dem Verluste oder auch dem Matte näher gebracht worden ist.

Sobald er aber befreyet ist, kann er ziehen, doch kann er den Stein, dessen Deckung sein Feind vertrieben hat, und welcher ihn eigentlich Matt hielt, schlagen, wenn er sich dadurch nicht in einen Schach setzt, welches geschehen würde, wenn jener Matt gebende Stein eine doppelte, oder gar dreyfache Deckung hätte. Wenn aber die Deckung weg ist, und er an den Zug kommt, kann er den Stein schlagen: oder er kann, wenn sein Freund ihn befreyet hat, er selbst aber nicht schlagen kann, (welches sehr oft der Fall ist) sobald mehrere Steine das Matt geben und halten, aus dem Schache ziehen.

Worüber man sich Anfangs vergleichen muß.

Es kommt auf die Spieler an, ob sie der Königin auch Schach bieten wollen, oder ob sie es, weil auf Eroberung der Königin hersonders bey diesem Schachspiele, der Gewinn des Spielers beruht, unterlassen wollen.

Verabredet muß werden, ob das Matt beym vorletzten Zuge soll angekündiget werden oder nicht, oder ob der eine Spieler, wenn er denjenigen Zug thut, welcher das Matt, das der andere seinem Freund zu geben hat, vorbereitet, Matt seyn solle oder nicht. Er muß aber in dem Falle berechnet haben, ob der dazwischen sitzende und ziehende Gegenspieler und Freund dessen, der Matt werden soll, es auf irgend eine Weise verhindern könne.

Man muß sich vergleichen, wie viele Parthien zwey Spieler mit einander spielen wollen, ob nur eine oder zwey, oder immer beysammen seyn wollen. — Wer den ersten

Zug hat, in den erſten und den folgenden Parthien: denn hier laſſen ſich keine Regeln feſtſetzen, ſondern es beruhet bloß auf Verabredung der Spieler.

Es muß Anfangs feſtgeſetzt werden:
1) Was die Spieler nur miteinander zur Beförderung ihrer, und Verhinderung der feindlichen Deſſeins reden dürfen. Es iſt völlig unmöglich, ſich alles Redens zu enthalten; wenigſtens wird man durch Winke dem Freunde zu verſtehn geben, welche Züge man gerne ſehe, oder was man für ein Deſſein habe. Es iſt alſo beſſer etwas feſtzuſetzen, was geſprochen werden darf. Redet einer mehr als ausgemacht iſt, ſo kann man gewiße Strafen feſtſetzen. Z. B. der Zug, welcher geſagt worden iſt, darf nicht gemacht werden, oder aber derjenige, welcher mehr ſprach als er ſollte, ſoll im Zuge übergangen ſeyn.

Erlaubt zu reden ſoll aber ſeyn während dem Spiele:
1) Bey gefahrbringendem Zuge der Feinde, oder wenn man das Deſſein derſelben entdeckt zu haben glaubt, dem Freun=

1) Durch Deckung derjenigen Steine des Freundes, welche den Angriff machen. Z. B. der Königin, wenn wir einen Springer in der Nähe haben, und der Freund sich darauf Rechnung macht, daß wir ihn zur Deckung seiner Schach bietenden Königin auf den rechten Platz setzen werden.
2) Durch Angriff auf der andern Flanke des Feindes, mit der Königin, oder sonst mit was.
3) Durch Wegräumung der Hindernisse, welche dem Freund im Wege liegen.
4) Durch Angriff auf den andern zu Hülfe eilenden Freund. Sehr oft geschieht es, daß der Freund sein Dessein allein ausführet: wenn er nur von dem zweyten Gegenspieler nicht gehindert wird. Es ist also des Freundes Sache, diesen zu beschäftigen, und auch anzugreifen, damit der Freund ungestört sein Dessein fortführen könne.

II. Bey der Vertheidigung.

Der Freund muß das Matt oder anderen Verlust der Steine zu verhindern, oder den letzten zu ersetzen suchen; dieß geschieht:

1) Durch Deckung der angegriffenen Steine des Feindes, wenn sie mehrmahl angegriffen als gedeckt sind.
2) Durch Deckung derjenigen Plätze, wo die feindlichen Steine Schach bieten, und das Matt geben können.
3) Durch Angriff auf den einen, welcher vorzüglich sich mit dem Freunde beschäftiget, damit er so zu sagen zu Hause, und auch auswärts zu thun finde.

Von der Befreyung des Mattgewordenen.

Den Mattgewordenen löset zwar vorzüglich der Freund, allein öfters finden auch die Gegenspieler Ursache, ihn wieder frey zu lassen, entweder aus Nothwendigkeit, das ist, wenn sie die Figuren, die den Matt bewirken, zur eigenen Vertheidigung brauchen, oder aber sie sehen voraus, im zweyten oder dritten Zug würde ihn sein Freund ohnedieß befreyen, und sie würden dann, wenn sie ihn nicht gleich selbst befreyen würden, einen Verlust leiden.

Wenn der Freund befreyen will, so beobachte er: 1) Er suche die Deckung der Matt gebenden Steine weg zu bringen, weil darnach der Freund sich aus dem Schach schlagen kann. 2) Er suche die Matt gebenden Steine zu schlagen, zu wechseln, oder zu vertreiben. 3) Er nöthige den Feind, durch scharfe Attaque seine Steine wegzunehmen, oder 4) suche er, den einen Gegenspieler (besonders wenn er um den Freund Matt zu setzen, sein eigen Spiel vernachläßiget hat) Matt zu machen, und dann ist ihm leichter seinen Freund zu befreyen.

Wenn aber die Gegenspieler selbst den Mattgewordenen loslassen wollen, so soll dieses aus wichtigen Ursachen geschehen, und zwar auf folgende geschickte Art: Der linke Gegenspieler thue es zuerst, wenn die Steine der Feinde sich decken, weil im Gegentheile, wenn der rechte die Deckung zuerst wegnehmen der König sich aus dem Schach schlüge; der rechte kommt dann eher an den Zug, und nimmt auch seinen im Kreise stehenden Stein weg: oder man lasse ihn loß, so, daß der König auf eine Stelle gehen muß, wo man ihn bald sicherer Matt setzen kann. Und endlich sehe man sich vor, daß man nicht unter den Steinen des Mattgewordenen eigene im Kreise stehen, oder gar den König in Schach gezogen habe, welches sobald gültig ist, als der Losgelassene an den Zug kommt.

Vom Schachspiel
unter
drey Personen.

Vom Schachspiel unter drey Personen.

Von der Form des Brettes.

Das Brett hat der Länge nach 11 Quadrate, der Breite nach aber 14; doch mit diesem Unterschiede, daß in einem jeden Ecke der Breite nach gerechnet, 9 Feldel ausgeschnitten werden. Es bleiben also 3 Seiten des Brettes übrig, worauf also nur 8 Felder der Länge nach gerechnet werden. Und hierauf stehen also auch die Steine der drey Spieler.

Von der Anzahl der Steine.

Jeder Spieler hat 16, und zwar die nemlichen Steine wie im Schachspiele unter drey Personen, und diese werden eben so gelagert, wie im kleinen Spiele, doch mit diesem Unterschied: die Königinen werden auf ein weißes Feld so gesetzt, daß sie alle drey dem Laufergang nach, auf einander treffen.

Besondere Bemerkungen.

In diesem Spiele wird nicht rochieret. Die Bauern thun immer nur einen Schritt.

Die Steine schlagen eben so, wie im kleinen Schachspiele.

Die Bauern werden Officiere, wenn sie auf die letzte Linie der drey Seiten kommen, auf welcher Seite sie Anfangs des Spiels nicht gestanden haben.

Da Drey spielen, so spielt ein jeder gegen den andern, und nicht wie im Schachspiele unter vier Personen, daß zwey zusammenspielen: doch ist es auch in diesem Schachspiele unter Drey erlaubt, daß zwey, wenn sie schon sehr geschwächt sind, und der dritte noch sehr stark ist, und gut stehet, und also auch von den Schwächern einen nach dem andern aufreiben würde, sich diese Schwächere mit einander verbinden, und gegen den Stärkern spielen, bis er eben so schwach ist. Doch ist ihnen in diesem Falle nicht erlaubt, einander die Züge zu sagen, oder auf etwas aufmerksam zu machen. Wie viel also hier ein jeder reden darf, kommt auf Verabredung an; auch kann man eine gewiße Strafe festsetzen.

Welcher von den Spielern zuerst Matt geworden ist, darf nicht mehr ziehen, bis er entweder gefliessentlich, oder von ungefähr von diesem Matt befreyet ist. Seine Armaber bleibt in der Stellung, in welcher sie war, als er Matt wurde. Man kann unter seine Steine die eigenen im Kreise setzen, sogar den König so setzen, daß seine Steine Schach böten, wenn er nicht Matt wäre. So lange er es ist, sind seine Steine unthätig. Es darf ihm auch kein Stein geschlagen werden.

Von der Befreyung des Mattgewordenen.

Wenn von den drey Spielern einer Matt geworden, so spielen noch zwey gegen einander, ist nun einer von diesen zween schwächer, wie der andere, so wird natürlicher Weise dieser suchen, den Matt gewordenen wieder zu befreyen, damit sie vereiniget gegen den Stärkeren spielen können. Er befreyet ihn aber, wenn er die Figur, welche den König matt setzet, entweder schlaget, oder so vertreibet.

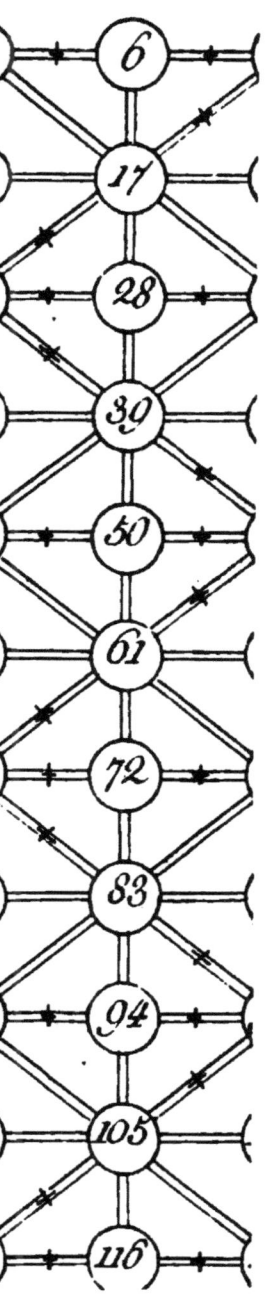